LE PRINCIPE

DE

LA POPULATION

MALTHUS ET SA DOCTRINE

IMPRIMERIE L. TOINON ET C°, A SAINT-GERMAIN

CONFÉRENCES POPULAIRES
FAITES A L'ASILE IMPÉRIAL DE VINCENNES
SOUS LE PATRONAGE
DE S. M. L'IMPÉRATRICE

LE PRINCIPE

DE

LA POPULATION

MALTHUS ET SA DOCTRINE

PAR

FRÉDÉRIC PASSY

PARIS

LIBRAIRIE DE L. HACHETTE ET Cⁱᵉ

BOULEVARD SAINT-GERMAIN, n° 77

1868

LE PRINCIPE

DE

LA POPULATION

MALTHUS ET SA DOCTRINE

Messieurs,

Voici un gros livre que probablement aucun de vous n'a lu, que bien peu même ont eu l'occasion d'entr'ouvrir et de feuilleter; mais dont presque tous, j'en jurerais, vous avez quelquefois au moins entendu parler. Ce livre, c'est l'ouvrage de Malthus sur *la population*.

Il n'y a guère, en effet, de sujet sur lequel, depuis cinquante ou soixante ans, on ait plus discuté; et il est peu de personnes qui n'aient eu les oreilles rebattues du bruit de la polémique qu'a soulevée, que soulève encore de nos jours, le nom de Malthus et ce que l'on a appelé après lui *le principe de la population.*

C'est de cet homme, et de cet ouvrage, que je voudrais, quelque difficile que soit cette tâche, vous entretenir pendant quelques instants. J'espère, si vous voulez bien m'écouter comme j'ai le bonheur d'être écouté d'habitude ici, le faire avec calme et avec justice.

Malthus, vous le savez, Messieurs, passe en général pour une espèce de vampire altéré de sang humain. C'est, aux yeux de bien des gens, l'ange exterminateur de la science économique. On lui reproche surtout deux choses : la première, c'est d'avoir méconnu, combattu et condamné la charité; d'avoir tenté de faire disparaître d'entre les hommes toute bienfaisance et toute compassion; la seconde, c'est de s'être montré l'ennemi du genre humain, en représentant l'accroissement naturel de la population comme la source par excellence des maux et des souffrances qui affligent le monde. Evidemment, ce n'est pas dans l'heure d'attention qu'il m'est permis d'attendre de vous, que je puis songer à traiter complétement deux questions comme celles-là ; j'essaierai du moins de dire quelques mots de l'une et de l'autre. Occupons-nous d'abord de la première.

I

Malthus, dit-on tous les jours, est un homme sec, dur, sans entrailles, interdisant à la compassion et à la charité d'abaisser les yeux et d'allonger la main vers les douleurs de cette terre, et se plaisant à montrer dans la misère et dans la souffrance une loi fatale qu'il faut laisser se développer en liberté. Voilà, vous le savez, ce que l'on dit ; voilà, vous allez le voir, ce qu'on a tort et grand tort de dire, ce que cependant je ne m'étonne pas qu'on dise ; car à toute erreur (et nous le verrons dans un moment bien davantage), il y a presque toujours une cause, une excuse, un prétexte au moins. La cause de l'erreur que je relève, la voici, et voici en même temps la vérité :

Malthus, Messieurs, étudiait la misère et ses causes. Il observait, il raisonnait, il réfléchissait. En raisonnant il en vint à se demander (et il n'est pas le premier qui l'ait fait), si toute charité, — toute aumône, pour mieux dire, — était toujours utile et bien placée. Il se demanda si une main toujours ouverte, répandant avec une facilité banale ses largesses sur le bon et sur le méchant, sur le paresseux et sur l'industrieux, sur l'homme misérable par sa faute, et sur l'homme frappé par des malheurs immérités, était réellement une main bienfaisante, et si une telle pitié n'était pas souvent et très-souvent une mauvaise chose ;

si elle n'était pas mauvaise pour celui qui
donne, et plus mauvaise pour celui qui
reçoit, et pour lequel elle devient comme
un encouragement permanent à l'oisiveté
et aux vices qui accompagnent l'oisiveté.
Et il est vrai, Messieurs, il est très-vrai, qu'à
cette question Malthus a répondu et répondu
très-énergiquement : Oui. Oui, à ses yeux
l'assistance irréfléchie, indistincte, aveugle,
est une chose dangereuse, et qui, bien loin
de soulager le mal, le perpétue et l'aggrave.
Malthus a donc proscrit et proscrit très-
sévèrement ces secours sans discernement
qui dégradent à la fois, je le répète (le plus
souvent du moins), et celui qui les reçoit et
celui qui les donne. Il a condamné cette
aumône qui ne mérite pas, dit-il, le nom
de *charité*, car charité veut dire amour, et
ce n'est pas le cœur, c'est la main qui la
fait les yeux fermés ; qui ne mérite pas
davantage le nom de *bienfaisance*, car elle
ne fait pas le bien, elle fait le mal. Mais il
ne l'a pas condamnée sans la remplacer. Il

1.

lui a opposé au contraire un autre genre
d'assistance, un autre genre de bienfaisance
et de charité vraiment digne de ces noms.
Il s'est fait le patron et l'apôtre de la bienfaisance clairvoyante et de la charité réflé-
chie, de celle qui cherche à faire avec effica-
cité cette œuvre difficile et délicate entre
toutes : soulager son semblable, sans lui
nuire, sans l'humilier, sans l'accabler, sans
être pour lui une excitation à la paresse ; en
étant au contraire, s'il est possible, une cause
de force, d'énergie, de relèvement matériel
et moral tout à la fois. Malthus a dit qu'il
y a assurément une loi suprême, une loi de
la nature, qui dit à l'homme, suivant les propres paroles de saint Paul, que celui qui ne
veut pas travailler n'est pas digne de manger.
Mais il a dit aussi qu'il y a des accidents,
des malheurs imprévus auxquels les hommes dont le cœur n'est pas fermé doivent
savoir compatir ; qu'il y a parfois, souvent
si vous le voulez, sans faute ou sans faute
grave, des malheurs réels ; et qu'il y a là

beaucoup à faire pour soulager et aider son semblable. Il a dit surtout qu'il y a autre chose à faire que de donner à l'homme qui souffre un secours matériel et passager; qu'il y a à s'enquérir de ses besoins, de ses affections, de ses habitudes, de ses douleurs personnelles; et voici, Messieurs, à peu près textuellement, comment il s'est exprimé à cet égard.

Il a recommandé d'abord « la *charité volontaire et active*, cette charité qui ne reste pas étrangère à ceux dont elle soulage les peines, qui sait *par quels étroits liens sont unis le riche et le pauvre, et s'honore de cette alliance*; qui visite l'infortuné dans sa demeure, et ne s'informe pas uniquement de ses besoins, mais de ses habitudes, de ses dispositions morales; » qui enfin, en imposant silence au mendiant effronté, sait soutenir, consoler, relever la faiblesse qui chancelle ou celle qui vient de tomber.

Tel est, Messieurs, en deux mots, tel est le véritable programme tracé par Malthus dans un chapitre que je ne crains pas de qualifier d'admirable (je n'en dirais certes pas autant de tout son livre). Ce chapitre est intitulé : *De la direction à donner à notre charité*; et l'on ne saurait trop en recommander la lecture aux hommes de bien que touche le spectacle des maux de ce monde et qui ne veulent pas se borner à une émotion stérile.

Est-ce tout, Messieurs? Non, Malthus va plus loin. Il permet, il conseille, il recommande à l'homme bienfaisant d'accorder, tout en se tenant en garde contre l'entraînement, un regard compatissant même au paresseux et à l'imprévoyant ; d'essayer d'atténuer leur souffrance, sans s'exposer à en accroître la cause ; et pour cela, non pas de supprimer entièrement (parce que ce serait supprimer la responsabilité sans laquelle il n'y a pas de morale), mais d'adoucir, dans une certaine mesure, même la misère qui est un châtiment manifestement mérité.

Ce n'est pas tout encore. Malthus déclare que ces prescriptions, que ces conseils de charité raisonnable et raisonnée ne s'appliquent pas et ne sauraient s'appliquer aux cas extrêmes, aux accidents purement fortuits ; et que lorsqu'un homme par exemple a le malheur de se casser le bras ou la jambe, ce n'est pas le moment de s'informer si cet homme est blessé par sa faute, mais de le relever et de le secourir. Voilà, Messieurs, en deux mots, je le répète, quel est le programme de la charité de Malthus. Il proscrit l'aumône indistincte et banale ; il recommande la charité et la bienfaisance réelles : et il enseigne à les faire, jusque dans les plus délicats détails, avec un soin et une intelligence qui attestent une longue habitude de les pratiquer.

Vous le dirai-je, Messieurs ? en traçant devant vous ce programme, je ne puis m'empêcher de penser à un illustre archevêque irlandais, l'archevêque de Dublin, Whateley, mort, si je ne me trompe, il n'y a que peu de temps, et qui semble s'être proposé pour but d'y conformer sa conduite.

Ce prélat à son lit de mort se félicitait, savez-vous de quoi? Vous allez être surpris, scandalisés peut-être au premier moment; vous ne le serez plus tout à l'heure. Whateley, à son lit de mort, au moment d'aller rendre compte à son Créateur d'une vie longue et chargée de responsabilité, se félicitait *de n'avoir jamais eu la faiblesse de mettre la main à la poche pour donner aux mendiants qui lui tendaient la leur dans la rue.* En revanche il se félicitait d'avoir fait d'autres œuvres. Il pouvait se rendre ce témoignage qu'avec ces sous épargnés un à un il avait réalisé des créations utiles, secouru de vraies misères, relevé des faibles et consolé des affligés. Il avait eu notamment cette grande, cette véritable et cette durable charité, d'ouvrir ou de patronner de son nom, de son talent, de son autorité, plus de quatre mille écoles dans lesquelles avait été éclairé et fortifié l'esprit de ses semblables [1].

1. Whateley était particulièrement dévoué à la propagation des connaissances économiques dans les écoles primaires.

N'avait-il pas fait là, Messieurs, un bien plus vrai, plus vivant et plus fécond que celui qu'il s'était refusé à dessein, afin de pouvoir faire l'autre ?

II

En vérité, Messieurs, quelque rapide que soit cet aperçu des idées de Malthus sur la bienfaisance, il me semble qu'il est suffisant pour vous mettre en garde contre les préventions que vous pouvez avoir, comme bien d'autres, au sujet de ses idées sur la population.

Un homme si soucieux de la dignité et du véritable bonheur de ses semblables, si préoccupé de maintenir entre eux ces sentiments de respect mutuel et ces liens d'affection qui doivent unir celui qui assiste et celui qui est assisté ; un homme qui a compris à ce point ce que c'est que cette *rencontre* salutaire *du riche et du pauvre* dont parlent les livres saints ; un tel homme ne pouvait être, à aucun degré, l'ennemi du genre humain. Et cependant, je le disais tout à l'heure, il n'y a guère d'erreur sans cause ou du moins sans prétexte.

Non, Messieurs, non, il n'est pas vrai, il est absolument contraire à la vérité que jamais Malthus ait conseillé, comme on le dit de tous côtés, le meurtre et l'extermination; qu'il ait proposé entre autres l'asphyxie des nouveau-nés; ou qu'il ait réclamé même des mesures préventives contre le mariage et le développement de la famille. Il est faux, complétement faux, que jamais Malthus ait, je ne dis pas recommandé, mais accepté aucune espèce d'entraves à la liberté de ses semblables. A cet égard il s'est prononcé cent fois dans son livre en termes qui ne souffrent pas d'équivoque. Jamais, dit-il à tout instant, je n'ai demandé aux gouvernements aucune espèce d'interdiction ni aucune contrainte administrative ou légale. Je considère tout obstacle apporté à l'exercice de la liberté individuelle,—de la liberté de se marier, notamment, —de faire ce que l'on veut de son existence, comme une chose attentatoire à la dignité humaine, comme une faute et comme une iniquité.

Il a écrit cela vingt fois, cent fois, dans le cours de ce gros volume que j'ai là sous la main, et il ne s'est pas fait faute de le répéter en propres termes. *« Je ne suis pas un ennemi de la population,* » dit-il, et « c'est méconnaître entièrement mes principes que de me considérer comme tel. » Je désire, au contraire, l'accroissement de la population ; je veux, autant que possible, une population nombreuse. Le seul accroissement de population que je redoute, c'est celui qui devient une cause de misère, de vice et de souffrance. Je souhaite d'abord que les hommes soient heureux ; et ensuite, s'il est possible, qu'ils soient nombreux.

Voilà ce que Malthus a dit, je le répète, non pas vingt fois, mais cent fois.

Mais à côté de cela, Messieurs, —à côté de ce vœu très-net, très-sincère et très-fréquemment exprimé, de voir la population grandir

en nombre, en même temps qu'en bien-
être; — il est vrai, et je m'empresse de le reconnaître, que Malthus a considéré comme
difficile, comme très-difficile, comme trop
difficile, nous allons le voir, cet accroissement heureux et régulier de population
qu'il désire. Il est très-vrai qu'il a vu, dans
l'accroissement naturel et normal de la population, non pas un mal absolu, mais au
moins un danger et un danger fréquent et
habituel. En cela, peut-être, il a été in-
fluencé à son insu par l'exagération d'erreurs inverses contre lesquelles il réagissait ;
et lui-même, dans le cours de la polémique
à laquelle il a été entraîné, a cru devoir
écrire cette phrase qui peint bien sa sincé-
rité : « J'ai trouvé l'arc trop courbé d'un
côté; il est bien possible qu'en voulant ·le
redresser je l'aie trop courbé de l'autre. »

C'était, en effet, Messieurs, dans les siè-
cles passés, la doctrine à peu près universelle des hommes d'État, des politiques, des
moralistes, que la force et la puissance d'un

peuple se mesurait au nombre de ses habi-
tants ; et l'on ne songeait guère alors, je
l'affirme, à se demander si parfois la qualité
n'aurait pas été préférable à la quantité.
Presque toutes les législations, imbues de
cette préoccupation, contiennent des encou-
ragements de diverse sorte à la multiplication des familles.

Le roi Louis XIV, par exemple, et bien
d'autres, donnent des primes d'encouragement, des exemptions d'impôts, des pensions,
quelquefois des titres de noblesse aux
pères de huit, dix, douze enfants et davantage. A lire ces dispositions, il semble qu'il
n'y ait qu'une chose à désirer: que les nais-
sances soient aussi multipliées que possible,
comme si l'entrée dans la vie était tout ;
comme si des hommes honnêtes, vigoureux,
probes, intelligents, ou des êtres chétifs et
malingres qui vont mourir demain et en
attendant ne feront rien de bon, pouvaient
se comparer au point de vue de la félicité
commune comme de leur propre bonheur,

et peser le même poids dans la balance de la puissance publique. Ajoutons qu'à l'époque où Malthus écrivait son livre, l'Angleterre, son pays, subissait une crise longue et douloureuse, et qu'il était difficile à un homme de cœur de n'en pas être troublé. Les causes de cette crise, ou du moins plusieurs de ses causes, il ne serait pas difficile peut-être de les indiquer. C'était d'abord la longue guerre que l'Angleterre venait de soutenir et soutenait encore avec la France nouvelle, et qui avait épuisé ses finances, écrasé son crédit et enlevé à son industrie la meilleure part de ses ressources. C'était la taxe des pauvres, c'est-à-dire l'application la plus large, la plus inconsidérée de ce principe fatal d'assistance aveugle et indéterminée contre lequel Malthus s'élevait avec raison, et qui avait érigé en quelque sorte la misère, le paupérisme, en institution nationale ; c'étaient des impôts excessifs et ruineux, suite de la taxe et de la guerre. C'était enfin un système de douanes calculé

de manière à faire arriver dans la main du
petit nombre (on le croyait du moins, mais
on se trompait fort) la plus grande partie
de la richesse sociale, et faisant pour ainsi
dire, ou du moins tendant à faire, d'une
partie de la nation une espèce de marché
forcé, réduit à consommer, aux prix voulus
par les producteurs, les marchandises de
l'aristocratie anglaise. C'était la loi sur les
grains, pour l'appeler par son nom, cette
loi qui a été abolie il y a vingt ans bientôt,
et dont la seule abolition a procuré à l'Angleterre un soulagement égal à une réduc-
tion d'impôt de quelque chose comme un
milliard par an ; c'étaient toutes ces causes et
bien d'autres. Toujours est-il que l'Angleterre souffrait, qu'elle souffrait beaucoup.
Une nation qui est toujours en guerre, qui
est accablée d'impôts excessifs, et sur laquelle pèsent des emprunts sans cesse re-
nouvelés, ne peut manquer de souffrir
cruellement. L'Angleterre souffrait, et
Malthus, touché de pitié en face des souf-

frances de ses semblables, se demandait si la raison pour laquelle il n'y avait pas assez de pain pour toutes les bouches n'était pas tout simplement cette raison naïve, cette raison d'une évidence en apparence mathématique, qu'il y avait trop de bouches pour le nombre des pains.

Était-ce vrai alors, à un moment donné, par suite des fautes de la société, par suite de ces fautes des hommes qui tôt ou tard retombent toujours sur eux ? Je ne l'examine pas en ce moment.

Ce que je dis, c'est que ce n'était pas assurément une loi universelle, nécessaire, permanente, et qu'il n'est pas vrai que la misère croisse avec le nombre. C'est ce que Malthus, malheureusement, en suivant dans son esprit les déductions de son sujet avec cette rigueur mathématique qui quelquefois mène les hommes bien loin de la vérité, arriva à croire, à poser en fait, à formuler en axiome indiscutable pour ainsi dire.

Voici, dans toute sa simplicité, comment

Malthus établit sa doctrine : Les hommes, dit-il, ont une tendance naturelle à multiplier ; et cette tendance est, à proprement parler, illimitée. Ils peuvent doubler en nombre dans l'espace de vingt-cinq ans, et vingt-cinq ans après ils peuvent avoir doublé encore, c'est-à-dire avoir quadruplé ; puis, après une autre période de vingt-cinq ans, avoir doublé de nouveau, c'est-à-dire être devenus huit fois plus nombreux. Et il exprime cela (je vous demande pardon d'employer un instant ces termes un peu abstraits), en disant que l'accroissement naturel des hommes s'effectue suivant *une progression géométrique*. Ceci est évident, disait Malthus ; et personne, je le reconnais, ne l'a jamais contesté.

Puis, d'un autre côté, il ajoutait : Les subsistances, les aliments, les moyens de vivre, en un mot, ne croissent pas et *ne peuvent pas croître* avec la même rapidité avec laquelle peuvent croître et tendent à croître les hommes. Les aliments, les subsistances, les produits du sol, ne peuvent croître, tout au plus, qu'en *progression arithmétique*; c'est-à-dire, pour prendre la même période de doublement, doubler en vingt-cinq ans, tripler en cinquante ans, quadrupler en soixante-quinze ans, quintupler en cent ans. Il est facile d'exprimer ces deux progressions par des séries de chiffres, et c'est ce qu'a fait Malthus. Tandis que l'on irait d'un côté, dit-il, de 2 à 4, de 4 à 8, de 8 à 16, de 16 à 32, et ainsi de suite, on irait, de l'autre côté, tout bonnement de 2 à 4, de 4 à 6, de 6 à 8, de 8 à 10. Vous voyez combien vite l'écart se produit et s'accroît. Une comparaison, que j'emprunte à Malthus lui-même, exprime le phénomène sous une forme moins abstraite et moins aride. L'accroissement du nombre des hommes, dit-il, marche comme un lièvre lancé à toute vitesse; l'accroissement des subsistances s'effectue avec la lenteur de la tortue.

Et la conclusion, la morale, c'était que, ne pouvant malheureusement faire courir la tortue, il fallait de toute nécessité amener le lièvre à flâner en route, à ralentir son allure, de façon à ce qu'il ne se trouvât pas trop en avance. De là cette préoccupation continuelle du nombre. De là cette idée que l'accroissement du nombre, bien que naturel, nécessaire, était redoutable, comme une eau toujours prête à déborder ; qu'il constituait (à considérer les choses dans leur ensemble, dans leur tendance), un danger réel, un danger continuel et *imminent*, auquel on ne pouvait se soustraire que par la plus grande prévoyance, par la plus grande prudence. Il fallait donc, *sans porter atteinte en rien à la vertu et à la morale* (cette restriction, qu'on ne fait pas en général, est indispensable quand il s'agit de Malthus et qu'on veut être juste) ; il fallait, dis-je, sans porter aucune atteinte à la vertu et à la morale, enrayer, autant que possible, le mouvement qui porte les populations à s'accroître sans cesse, sous peine de les vouer fatalement à la faim. Tel est, en deux mots, le fond de la théorie de la population de Malthus. Un de nos plus célèbres contemporains, M. Proudhon, s'est permis de dire une fois (en plaisantant, je l'espère) : « J'ai réfuté Malthus, et je ne l'ai jamais lu, ce n'est pas nécessaire ; j'ai lu ses deux progressions, cela suffit, puisque toute sa théorie est là. » Cela n'est pas exact, je le déclare : et quand on juge les gens ainsi, il est inévitable qu'on les juge mal ; qu'on soit, comme l'a été M. Proudhon, excessif et injuste. Mais il est vrai de dire tout au moins que c'est là que se trouve, en quelque sorte, en germe toute la théorie de Malthus. Le défaut radical de cette théorie, c'est cette opposition, suivant lui nécessaire, entre l'accroissement des subsistances et l'accroissement des hommes, cet antagonisme, qu'il croit établi par la nature même, entre deux des principales lois de la nature.

Cet antagonisme existe-t-il véritablement? L'homme est-il véritablement condamné, comme le pensait Malthus, et comme l'ont

soutenu, après lui, beaucoup d'autres, à
marcher plus vite que les subsistances et à
se voir, à chaque pas, arrêté par la souffrance, par la mort, par la famine, s'il ne
sait s'arrêter lui-même en s'imposant le frein,
je ne dis pas seulement d'une prévoyance et
d'une vertu ordinaires, mais d'une vertu
difficile, sinon même d'une vertu surhu-
maine ? C'est ce que nous allons essayer de
voir dans les quelques instants qui nous
restent.

III

Messieurs, si Malthus veut parler d'une
simple possibilité, d'une simple faculté, de la
tendance naturelle des hommes à multiplier,
en un mot, il est bien clair qu'il a raison.
Il est clair que les hommes peuvent, si rien
ne s'y oppose, multiplier en progression géométrique; il est bien clair qu'un couple
peut mettre au monde un certain nombre
d'enfants, et que de ces enfants chaque

couple à son tour pourra en mettre au monde un même nombre, et ainsi de suite. Je n'ai rien à dire contre cette possibilité, si ce n'est qu'en fait elle ne se réalise jamais ; et qu'elle ne se réalise pas par mille causes également naturelles : par la stérilité des uns et par les occupations des autres, par les voyages, par les influences sociales ou morales, par l'économie, par la prévoyance, par la crainte des soucis et des tracas du ménage, par les travaux de la pensée qui éloignent des soins domestiques, ou par les préoccupations de la religion ou du dévouement. Je n'ai rien à dire contre cette possibilité qui, je le répète, ne se réalise jamais ou du moins ne se réalise que dans des conditions exceptionnelles. Mais, après l'avoir constatée et reconnue sous ces réserves, je demande si l'on peut dire sérieusement que la loi de multiplication et d'accroissement des subsistances est autre ? Est-ce que les animaux, est-ce que les plantes ne sont pas, eux aussi, doués de la faculté de se multiplier en progression géométrique ? Est-ce qu'une graine ne peut pas reproduire l'individu d'où elle est sortie ? Est-ce que l'individu dont elle aura été l'origine ne produira pas à son tour des milliers et des millions de graines, dont chacune produira ou pourra produire encore à son tour, si elle vient à lever, des êtres pareils à celui d'où elle est sortie? Est-ce que les animaux ne sont pas, sous ce rapport, absolument semblables aux hommes? Qu'y a-t-il d'extraordinaire, d'anormal, je le demande, à voir une vache mettre au monde successivement un veau, deux veaux, trois veaux ou davantage, et ces veaux à leur tour en mettre autant au monde? Une brebis mettra bas chaque année un ou deux petits, et bientôt ceux-ci auront des petits comme elle. Qu'y a-t-il là de plus étrange que de voir un couple d'êtres humains donner naissance à des enfants qui à leur tour en procréeront d'autres? Et ne connaissons-nous pas tous des exemples, en quelque façon effrayants, de la multiplication possible des végétaux et des animaux ? En voici deux ou trois que je prends au hasard pour donner un corps à l'affirmation. Un seul pied de maïs fournit deux mille graines ; un soleil quatre mille ; un pavot trente-deux mille ; un orme cent mille. Une carpe pond trois ou quatre cent mille œufs. On a calculé qu'une jusquiame couvrirait le globe de ses rejetons en quatre ans, et que deux harengs rempliraient les mers en dix ans.

Je cherche en vain, en face de tels exemples, où est la différence essentielle, fondamentale, entre la tendance de reproduction de l'homme, et la tendance de reproduction des subsistances. Je vois ces subsistances, prises dans le règne végétal et dans le règne animal, douées comme nous de la faculté de se multiplier de plus en plus ; et je vois habituellement dans ces règnes cette faculté à un degré infiniment supérieur à celui de la multiplication de l'homme ?

Et c'est en face de faits aussi éclatants, aussi universels, que l'on a pu écrire de phrases comme celle-ci : « Dieu, qui a rendu la terre assez féconde pour pourvoir abondamment aux besoins de tous les êtres de l'univers, n'a pas fait l'homme de pire condition que les animaux. Tous ne sont-ils pas conviés au riche banquet de la nature ? Un seul d'entre eux en est-il exclu ? Les plantes des champs étendent l'une auprès de l'autre leurs racines dans le sol qui les nourrit toutes ; et toutes y croissent en paix, aucune d'elles n'absorbe la séve d'aucune autre. » Cette page est de l'un de nos plus célèbres contemporains, M. de Lamennais. Probablement c'est dans son cabinet, loin et bien loin des champs, le regard profondément fermé à toute espèce de contemplation ou de souvenir même de la nature, que ce grand rêveur écrivait ces lignes ; car il allait à l'encontre de la vérité la plus évidente, de celle qui crève les yeux du corps, de celle que connaît le dernier des enfants de la campagne accoutumé à voir les plantes trop serrées s'étioler, se nuire les unes aux autres, et qui sait que dans un bois, à mesure que les sommets s'élèvent, tout ce qui se trouve en dessous languit et se dessèche faute de lumière et de séve.

La loi peut paraître dure ; je ne dis pas non. Mais c'est la loi ; et elle est la même partout. Les plantes, les animaux et les hommes sont égaux devant elle. Ils ne peuvent se multiplier, ils ne peuvent se développer, ils ne peuvent subsister qu'autant qu'ils trouvent à leur portée les éléments nécessaires à leur croissance, à leur multiplication ou à leur conservation. Il y a une différence toutefois, non pas au désavantage, mais à l'avantage de l'homme, et cette différence, la voici :

C'est que, tandis que les plantes et les animaux pullulent au hasard, tandis que les plantes et les animaux trouvent ou cherchent leur nourriture en quelque façon à l'aveugle, instinctivement, fatalement, et sans pouvoir jamais rien faire pour l'accroître, l'homme, lui, sait préparer sa nourriture ; l'homme, plus puissant que les animaux et que les plantes, sait faire parmi les animaux et les plantes un discernement fécond. Il sait écarter, faire disparaître les espèces inutiles, les espèces nuisibles, les espèces terribles. Il sait tirer du sol deux fois, dix fois, cent fois ce que ce sol donnait naturellement au début. Il sait obtenir des animaux plus de viande, plus de lait, plus de services de toute nature. Il sait, en armant ses mains d'organes nouveaux, en entourant sa personne de ces serviteurs infatigables qui s'appellent les outils et les machines, substituer à la terre inculte et malsaine une terre saine, cultivée, féconde, une terre productive, une terre dont la fécondité va croissant tous les jours; et nul ne peut dire que sur aucun point cette terre ait atteint ou qu'elle soit près d'atteindre le terme de sa fécondité. C'est lui qui donne, et elle rend. En voulez-vous un exemple, Messieurs? Le bon Malthus écrivait, je vous l'ai dit, dans le premier quart de ce siècle. Parmi les développements historiques et géographiqués quelquefois fort intéressants (quelquefois fort ennuyeux aussi, je dois le dire), fort longs, en tout cas, par lesquels il a cherché à appuyer sa thèse et qui du moins prouvent en lui beaucoup de conscience et des connaissances prodigieusement étendues; parmi cette espèce de revue du temps et de l'espace qui occupe la moitié de son ouvrage, l y a un passage consacré à ce pays que l'on appelait alors la *Nouvelle-Hollande*, que l'on appelle plus souvent de nos jours l'*Australie*. Et Malthus, s'armant des récits des voyageurs, affirmait comme une chose parfaitement indiscutable la stérilité absolue de ce pays. Il déclarait impossible que la Nouvelle-Hollande nourrît jamais des hommes autrement que dans cet état misérable et précaire dans lequel un très-petit nombre d'êtres à face humaine végétaient alors sur ce dernier venu des continents. Voilà ce que déclarait Malthus, et voici maintenant la vérité, telle que l'ont bientôt montrée les faits.

La vérité, c'est qu'il n'y avait pas sur cette terre stérile (disons plutôt sur cette terre inculte) assez de capitaux, assez d'intelligence, assez d'industrie, assez d'hommes. La vérité, c'est que le jour où une autre race, la race européenne, la race intelligente, la race armée d'instruments, pourvue d'épargnes, et en possession de connaissances, a mis le pied sur cette terre inhospitalière ; ce jour-là cette race, parce qu'elle était plus riche, plus industrieuse, plus active et plus nombreuse, a su faire jaillir du sol, et jaillir en abondance, la richesse et les éléments des subsistances. La vérité, c'est qu'aujourd'hui, sur cette terre qui ne nourrissait pas les sauvages, vivent, grandissent et prospèrent des colonies qui seront bientôt des empires aussi puissants que le grand empire d'où elles sont sorties, que l'Angleterre, leur mère patrie. La vérité !!! On vous dit, en vous montrant l'Amérique : Savez-vous pourquoi l'Amérique grandit si vite? C'est parce que les Américains ont cette fortune exceptionnelle d'é-

tre tombés sur un sol vierge ! Eh ! Messieurs,
ce sol vierge, c'était un sol épuisé pour les
Hurons et les Iroquois qui l'habitaient avant
eux. C'est qu'à chaque progrès de la culture
et de l'industrie correspond une proportion
nouvelle de force, d'intelligence et d'acti-
vité, et que le nombre est un des éléments
de cette puissance. C'est que les hommes, dans
l'état sauvage, dans l'état clair-semé dans lequel ils végètent à l'état sauvage, ne sont
pas assez audacieux, pas assez actifs, *pas assez
nombreux* pour élever les subsistances au niveau de leur nombre, quelque restreint qu'il
soit. D'autres hommes viennent, plus forts,
plus habiles, *plus nombreux*, et ces hommes
trouvent la richesse là où ces peuplades
éparses ne trouvaient qu'une existence précaire et sans cesse menacée. Soyons-en bien
con...........'est l'homme qui fait la ri-
....richesse. Eh ! oui sans doute,
....la terre les éléments de notre
.... nul ne sait quel est le terme
... . production permise à la terre ; nul ne

sait combien, en croissant en intelligence, en force, en industrie, en vertu, en énergie morale, *en nombre*, encore une fois, l'homme pourra obtenir de la terre qui le porte.

C'est une mine à peine ouverte, c'est une carrière dans laquelle la civilisation commence à peine à s'élancer ; et si nous jetons un regard derrière nous sur l'histoire, nous sommes bien forcés de reconnaître que l'histoire tout entière le proclame. Je n'en veux d'autre témoignage que celui de Malthus, de Malthus presque toujours prévenu, mais (il faut le dire) toujours de bonne foi. C'est Malthus lui-même qui, à la suite de cette longue revue dont je viens de parler, arrive à constater que le plus souvent la population surabondante, c'est la population clair-semée ; que souvent, très-souvent, bien plus souvent, au contraire, la population plus nombreuse est une population plus heureuse et plus riche. « Plus une population *est rare*, dit-il en toutes lettres, *et plus elle excède.* » Si bien que partout, à mesure que les hommes ont grandi en nombre, ils ont, je ne dirai pas, dit adieu à la misère et à la souffrance, mais ils ont réduit et réduit considérablement la souffrance et la misère qui pesaient sur leurs têtes. Voilà, Messieurs, ce qu'enseignent les faits. Il faut que les hommes s'élèvent, et il faut qu'ils grandissent. Il faut qu'ils se perfectionnent pour améliorer la terre et y pouvoir vivre en plus grand nombre ; mais il faut aussi qu'ils s'accroissent en nombre pour se perfectionner. Il faut que la distance entre eux, cette distance qui se traduit en perte de temps, cette distance qui ne permet ni les épanchements de l'amitié, ni la communication des connaissances et des idées, qui est comme une barrière dressée entre les hommes, il faut que cette distance diminue et que les hommes, comme on dit vulgairement, arrivent à se sentir davantage les coudes. Il faut qu'ils se rapprochent par l'espace en même temps que par l'esprit et par le cœur; il faut aussi qu'ils renoncent au vice, à la dissipation, au gaspillage, à toutes les causes de destruction. Il faut que d'homme à homme, et de nation à nation, ils s'étudient à faire prévaloir la concorde, l'affection à la place de la division, de la haine et de tout ce qu'elles entraînent : il faut que tout ce qui est mauvais disparaisse, que tout ce qui est bon prenne le dessus : il faut que partout les idées justes se répandent, que le niveau moral s'élève, que les hommes apprennent à se connaître, à se soutenir, à s'aider ; qu'ils comprennent qu'ils ont à remplir en commun une grande tâche sur la terre, que c'est une grande chose et une chose sainte que de tirer du sol, par le travail — par le travail des mains ou par le travail de l'intelligence — cette richesse qu'on méprise trop souvent à tort, mais qui est en somme la substance même de la pensée, de la vie et de la force morale de l'homme. Il faut qu'on arrive à cela. Et lorsque nous en serons là, ou à mesure que nous y viendrons, lorsque les hommes ne perdront plus leur existence,

lorsqu'ils ne gaspilleront plus leurs ressources ; alors, si leur accroissement en nombre
n'est pas accompagné d'une augmentation
de bien-être, il sera temps d'accuser la Pro-
vidence, et de dire avec Malthus que l'accroissement de la population est un danger toujours imminent, toujours suspendu sur nos
têtes.

Mais je sais bien, Messieurs, ce que vous
allez me répondre ! Vous allez me répondre
que, quel que puisse être le progrès, un jour
viendra où la terre sera remplie comme le
serait la mer si les harengs et les autres
poissons pouvaient y pulluler en liberté ;
qu'un jour viendra où l'espace manquera
devant les pas des hommes. Eh ! mon Dieu.
Messieurs, c'est bien possible ! On s'est préoccupé plus d'une fois déjà, vous le savez, du
jour où manquera la houille, ce pain quoti-
dien de nos industries, cette source de la
chaleur et de la Lumière. On a dit aussi que,
puisque tout descend et que rien ne re-
monte, un jour viendra où, selon la parole

de l'Évangile, toute vallée sera comblée et toute montagne abaissée, en sorte que la terre ne sera plus qu'une surface plane, sur laquelle l'eau ne s'écoulera plus, où aucun mouvement ne sera plus possible. Tout cela peut arriver, mais quand ? Franchement, ce lointain-là est si éloigné, si incertain, qu'il est puéril et plus que puéril de s'en préoccuper.

IV

Je me résume, Messieurs. Evidemment, Malthus a raison sur un point. Il a raison quand il dit qu'il est du devoir de tout homme honnête et sage, de tout homme sensé, de tout homme qui comprend ce que c'est que la dignité humaine et la responsabilité qu'elle impose, de ne pas donner étourdiment le jour à des êtres nouveaux. Il a raison quand il dit que c'est une faute grave que de contracter à la légère cette union qui nous peut charger des obligations pesantes de la paternité. Oui ! Malthus a raison quand il dit cela ; lorsque, s'adressant au jeune homme que commencent à solliciter les instincts puissants et doux de la nature et de l'affection, il l'engage à réfléchir avant d'*entreprendre une famille*, comme dit Emile Souvestre dans ses charmantes « *Confessions d'un ouvrier*. » Avant d'entreprendre une famille, aussi bien qu'avant d'entreprendre quoi que ce soit au monde, il faut se demander si l'on a les ressources nécessaires, ou si du moins l'on a l'espoir raisonnable de se procurer ces ressources. Il est bon que le jeune homme comprenne cela ; il est bon qu'il sache que le présent est le père de l'avenir, et que pour assurer l'avenir il faut parfois se montrer rigoureux pour le présent. Il est bon qu'il ait un but, d'ailleurs, un but élevé et honorable, et que de bonne heure, pour atteindre ce but, il sache s'astreindre à la privation, au sacrifice, à l'effort sur lui-même ; qu'il fasse, par raison, précéder le jour où il pourra devenir chef de famille, de quelques années de travail, d'épargne, de moralité, de vertu même difficile ; et que l'amour, — l'amour pur, chaste, généreux, vivifiant, — soit pour lui comme le noble et sévère portique à travers lequel se montre à ses regards le temple divin de la paternité.

Tout ce que je vous dis là, Messieurs, Malthus le dit, et avec une délicatesse, une grâce, une âme, dont je regrette de ne pouvoir, faute de temps, vous donner un échantillon par des citations. Il est difficile, assurément, qu'il soit écouté de tous, et lui-même ne s'est jamais fait d'illusion à ce sujet. Peut-être ne s'en est-il pas fait assez. Mais, si peu qu'il le soit, ce sera beaucoup, et il ne faut pas craindre de le dire : de telles prédications sont excellentes, et le jour où elles seront entendues sera un grand jour pour le progrès du bien-être comme pour celui de la moralité humaine. Mais Malthus a tort, je le dis non moins franchement, lorsqu'il exagère la nécessité de ce « *renoncement vertueux*, » — c'est ainsi qu'il l'appelle, et jamais le nom barbare de *contrainte morale* n'est tombé de sa plume, — jusqu'à faire, en quelque façon, de sa pratique universelle une condition d'existence, jusqu'à faire, je le répète, du développement *naturel* de l'humanité un épouvantail toujours dressé devant l'humanité.

Non, l'homme a une tâche à remplir, mais il a les moyens de la remplir. Il a une bouche qui consomme, mais il a deux bras, et avec ces deux bras l'intelligence et la volonté qui les dirigent! Eh quoi ! il serait naturel de se réjouir de la naissance d'un veau, parce que ce veau deviendra un bœuf; et il faudrait pleurer à la naissance d'un enfant, parce que cet enfant deviendra un homme. Ce bœuf, dit-on, doit fournir l'équivalent de sa dépense. Et il n'en serait pas de même de l'homme! de cet homme qui fait travailler le bœuf, et fournit lui-même au sol les éléments de sa subsistance.

La terre lui fait défaut, dit-on encore. Où donc a-t-on vu cela, vraiment? Je

vois que la terre est grande, au contraire,
et qu'elle est à peine effleurée, car nous
sommes à peine au début de nos efforts pour
la plier à notre usage. Je vois que de toutes
parts croissent autour de moi l'intelligence,
la force matérielle, et, je veux l'espérer aussi,
la force morale; et malgré trop de causes de
souffrances et trop de tristes symptômes, souvent je vois, ou du moins je crois voir grandir pareillement les sentiments affectueux et
justes. Je vois, ou du moins je crois voir,
jusque dans les bouillonnements quelquefois
redoutables qui agitent une partie des so-
ciétés modernes, le désir tout au moins, et le
désir sérieux et sincère, de la justice, de la
concorde, de la paix et de l'amour entre les
hommes et les nations. Si, comme je l'espère, ces signes ne sont pas une aurore trom-
peuse; si les hommes véritablement croissent
et croissent tous les jours en richesse, en
force, en qualité; s'ils tendent à moins détruire et à produire davantage; ils s'aperce-
vront bientôt que la multiplication de l'être

producteur par excellence ne peut être un mal et un mal permanent. En avant donc, Messieurs ; en avant avec prudence, mais avec confiance aussi ; et n'ayons garde, parce qu'on l'a travesti, de renier à la légère ce vieux précepte : *Croissez et multipliez.* Il est vrai, ce précepte ; mais il faut le comprendre et l'appliquer comme il convient. *Croissez,* dit-il, c'est-à-dire devenez plus forts, devenez plus vaillants, devenez plus capables de remplir votre tâche ; et lorsque vous serez devenus plus forts, alors *multipliez,* afin de devenir plus forts encore et de soumettre de plus en plus votre domaine. Croissez d'abord, multipliez ensuite, et croissez de nouveau afin de multiplier davantage. Soyez des hommes, des hommes dignes de ce nom, des producteurs, non des destructeurs ; et ne craignez pas à cette condition que la grande famille humaine devienne jamais trop nombreuse ! Des hommes pour détruire, pour ravager, pour gaspiller, oh ! je le dis bien haut, et j'espère que per-

sonne ne me démentira ; de ces hommes-là,
il y en aura toujours de trop ! Mais des
hommes honnêtes, des hommes laborieux,
des hommes qui produisent, qui épargnent,
qui reproduisent, qui après eux tâchent
de laisser en plus grand nombre d'autres
générations d'hommes meilleurs qu'eux...
de ces hommes-là il n'y en aura jamais
de trop. Il n'y en aura jamais assez. Et la
plus grande œuvre assurément que l'on
puisse faire en passant ici-bas, c'est d'y
laisser après soi une image, une repré-
sentation non pas fidèle seulement, mais
accrue et améliorée, de ce qu'on a été ; afin
que les générations qui suivent soient plus
nombreuses, meilleures et plus heureuses en
même temps que celles qui ont précédé et
que celle à laquelle on appartient soi-même.

J'ai exposé, Messieurs, aussi complétement qu'il est possible de le faire en si peu de temps, ce qu'il y a, suivant moi, de faux, ce qu'il y a de vrai et de bon dans la théorie et dans les idées de Malthus.

Vous voyez qu'il faut reconnaître en Malthus un homme de bien, souvent aveuglé par une idée préconçue, mais toujours sincère; et dans sa théorie une part de vérité profonde, mêlée malheureusement à des erreurs regrettables. Erreurs qui ne sont pas de nature, comme on l'a dit, à avilir l'humanité, mais qui seraient de nature, si elles se répandaient, à la décourager, à l'inquiéter, à lui enlever quelque chose de la confiance et de l'énergie dont elle a besoin pour marcher en avant d'un pas toujours plus ferme et plus soutenu. Honorons le savant, estimons l'homme; mettons à profit, chacun dans notre sphère, les conseils du moraliste;

mais gardons-nous des terreurs de l'économiste et de l'historien, et sachons bien que ce n'est pas en vain que l'espace a été ouvert devant la race humaine. Sa tâche est de le remplir, et il dépend d'elle de ne pas faillir à cette tâche.

———

A la suite de cet aperçu, nécessairement bien sommaire, il ne nous a pas paru hors de propos de placer les passages suivants, textuellement extraits de l'*appendice* dans lequel Malthus, à la fin des dernières éditions de son ouvrage, réfute les objections soulevées par ses idées, et en donne lui-même la formule la plus précise. Nous nous permettons aussi de renvoyer le lecteur à notre volume sur l'*Enseignement obligatoire*[1], et à notre étude sur l'*Économie politique dite chrétienne*[2].

1. Chez Guillaumin et C°.
2. *Journal des économistes*, numéro d'octobre 1866.

Voici les paroles de Malthus :

« Je n'ai pas considéré le vice et la misère qu'engendre une population excessive comme des maux inévitables et qu'on ne peut diminuer. J'ai indiqué, au contraire, un moyen de les prévenir ou de les adoucir, en travaillant sur la cause même qui les produit. J'ai tâché de faire voir que l'on peut y réussir sans porter atteinte au bonheur et à la vertu. Jamais je n'ai envisagé un accroissement possible de population comme un mal, si ce n'est au point où il accroît la quantité proportionnelle du vice et de la misère. Le vice et la misère sont les seuls maux que j'ai eu en vue de combattre. J'ai expressément proposé la contrainte morale[1], comme le seul remède efficace et que la raison approuve. » (Édition Guillaumin, p. 615.)

1. Nous répétons que cette expression, employée par les traducteurs, ne rend en aucune façon les mots anglais *moral restraint*. Le sens de ces mots est privation ou abstention vertueuse, autrement dit continence.

Et plus loin :

« Je repousserai toujours tout moyen artificiel et hors des lois de la nature, que l'on voudrait employer pour contenir la population, et comme étant un moyen immoral et comme tendant à supprimer un stimulant nécessaire pour exciter au travail. Si dans chaque mariage le nombre des enfants était assujetti à une limitation volontaire, il y aurait lieu de craindre un accroissement d'indolence ; et il pourrait arriver que ni les diverses contrées prises individuellement, ni la terre entière envisagée d'une manière collective, n'arrivassent au degré de population qu'elles doivent atteindre. Les gênes que j'ai recommandées sont d'une tout autre nature. Non-seulement elles sont indiquées par la raison et sanctionnées par la religion, mais elles tendent de la manière la plus marquée à animer le travail et l'industrie. Il n'est pas aisé de concevoir un plus puissant encouragement au travail et à la boune conduite, que d'avoir en perspective le mariage, comme l'état auquel on aspire, mais dont on ne peut jouir qu'en acquérant des habitudes de travail, de prudence et d'économie. Et c'est sous cet aspect que j'ai constamment voulu le présenter. » (P. 616.)

FIN.

Impr. L. TOINON et Comp., à Saint-Germain.

9 782019 940645